À Julien et Florian.

© Marie Girardot, 2024
Le Kremlin-Bicêtre
marie.girardot@redactissimo.com
Dépôt légal : avril 2024
Imprimé à la demande
ISBN : 978-2-9593000-0-4

Les expressions françaises illustrées et expliquées aux enfants

TOME 1 : C'EST COMME ÇA !

Marie Girardot

SOMMAIRE

LES OBJETS — 55

QUIZ — 75

LES ANIMAUX

BAVARD COMME UNE PIE

Très bavard

Imagine une jolie pie, avec son plumage noir et blanc, perchée sur la branche d'un arbre. Tu l'entends ? Elle jacasse, elle jacasse, elle ne s'arrête jamais ! Être « bavard comme une pie » signifie donc **parler beaucoup et souvent**, autant que notre amie la pie connue pour être un oiseau très bruyant.

Le savais-tu ?

Le mot **« bavard »** vient de « bave », qui désigne la salive qui sort de la bouche, par exemple quand on parle. En effet, une personne bavarde utilise beaucoup sa salive !

CHARGÉ COMME UN BAUDET

Un baudet, c'est un autre nom pour désigner un âne. Cet animal petit mais résistant était très utilisé autrefois pour transporter des charges lourdes. Être « chargé comme un baudet », c'est donc **porter beaucoup de choses à la fois**, comme toi quand tu reviens de l'école avec ton cartable rempli de livres et de cahiers !

Le savais-tu?

On dit aussi **« chargé comme une mule »** ou « chargé comme un mulet ». La mule et le mulet sont des animaux issus d'un croisement entre un âne et une jument.

CONNU COMME LE LOUP BLANC

Connu de tous, très célèbre

Le loup est un animal redouté, au pelage généralement foncé dans nos contrées. Autrefois, lorsqu'un loup rôdait autour d'un village, les habitants étaient très vite au courant. Un loup blanc, plus rare et plus visible, se faisait remarquer encore plus rapidement ! Quand on dit de quelqu'un qu'il est « connu comme le loup blanc », cela veut donc dire que **tout le monde le connaît**.

Le savais-tu ?
À l'origine, on disait simplement **« être connu comme le loup »**, sans mentionner sa couleur blanche.

COPAINS COMME COCHONS

Inséparables, très bons amis

Avec ton ou ta meilleur(e) ami(e), tu partages tout : les bons et les mauvais moments, les fous rires, les secrets... et les bêtises ! Un peu comme deux petits cochons qui ne se quittent pas et qui s'amusent ensemble. Tous les deux, vous êtes « copains comme cochons », autrement dit les **meilleurs amis du monde**.

Le savais-tu ?

Pourquoi le cochon et pas un autre animal ? Le mot **« cochon »** vient de l'ancien français « soçon », lui-même dérivé du latin « socius » qui signifie « compagnon, camarade ».

DÉTALER COMME UN LIÈVRE

S'enfuir à toute vitesse

Imagine un lièvre (un cousin du lapin) dans un champ. Soudain, il entend un bruit et hop ! En un clin d'œil, il s'enfuit à toute vitesse grâce à ses longues pattes arrière. L'expression « détaler comme un lièvre » signifie donc **partir très rapidement**, un peu comme cet animal qui s'échappe à la moindre alerte.

Le savais-tu ?

Les lièvres sont connus pour leur rapidité incroyable. Ils peuvent courir **jusqu'à 80 km/h** ! C'est deux fois plus que la vitesse moyenne d'Usain Bolt, le champion du monde du 100 mètres.

DORMIR COMME UN LOIR

Le loir est un petit rongeur qui passe sept mois de l'année à hiberner sans se réveiller. «Dormir comme un loir», cela veut donc dire **dormir d'un sommeil très profond**. Un peu comme toi quand il faut te secouer pour te lever les jours d'école !

Le savais-tu ?

On dit aussi **« dormir comme une marmotte »** (une autre championne de l'hibernation), «dormir comme un bébé» et « dormir comme une souche » (pour dire qu'on dort tellement profondément qu'on ne bouge pas, comme une souche d'arbre immobile).

DOUX COMME UN AGNEAU

Extrêmement gentil

L'agneau est le petit de la brebis et du bélier, plus couramment appelés moutons. Avec sa fourrure blanche et douce, c'est l'image de la pureté et de l'innocence. Quand quelqu'un est « doux comme un agneau », cela signifie qu'il est très calme et très gentil, **incapable de la moindre méchanceté**. En somme, qu'il ne ferait pas de mal à une mouche !

Le savais-tu ?

Une variante de cette expression est **« innocent comme l'agneau qui vient de naître »**.

ÊTRE COMME UN COQ EN PÂTE

Vivre dans le confort, être à son aise

Au Moyen Âge, les coqs étaient particulièrement bien nourris et soignés pour participer à des concours. Certains étaient même recouverts d'une pâte spéciale pour rendre leurs plumes plus brillantes. D'où l'expression « être comme un coq en pâte » qui signifie **mener une existence confortable et douillette**.

Le savais-tu ?

Le terme **« coq en pâte »** fait penser à une vieille recette de cuisine, où la viande cuit enveloppée dans de la pâte feuilletée. En réalité, le coq n'a jamais été cuisiné ainsi !

ÊTRE COMME UN ÉLÉPHANT DANS UN MAGASIN DE PORCELAINE

Imagine un grand éléphant, avec ses énormes pattes, essayant de se déplacer dans un petit magasin rempli de vaisselle en porcelaine très fragile. Il risque de tout casser sans le vouloir ! L'expression « être comme un éléphant dans un magasin de porcelaine » signifie **agir de manière maladroite ou brutale** dans une situation qui nécessite de la délicatesse.

Le savais-tu ?

Les Anglais disent **« like a bull in a china shop »**, ce qui se traduit par « comme un taureau dans un magasin de porcelaine ».

ÊTRE COMME UNE POULE QUI A TROUVÉ UN COUTEAU

Imagine une poule devant un couteau : elle ne comprend pas ce que c'est ni à quoi ça sert. Elle reste donc là, sans bouger, un peu perdue. Être comme une poule qui a trouvé un couteau, c'est **ne pas savoir comment réagir face à un objet ou une situation.**

Le savais-tu ?

Le **couteau** pourrait désigner le coquillage du même nom. En effet, les poules mangent des coquilles qui leur fournissent le calcium nécessaire pour produire de bons œufs. Or le couteau est très dur et difficile à picorer !

ÊTRE FAIT COMME UN RAT

Être pris au piège

Imagine un pauvre petit rat piégé dans un coin par un chat : il n'a nulle part où aller et se sent complètement coincé. C'est un peu comme si tu jouais à chat et que tu te retrouvais dans une impasse sans possibilité de t'échapper. Tu serais « fait comme un rat » ! Cela veut dire **se trouver dans une situation sans issue**, où l'on ne peut ni fuir ni se cacher.

Le savais-tu ?

L'expression **« être fait »** signifie en langage familier être pris, se faire attraper, tomber dans un piège.

EXCITÉ COMME UNE PUCE

Très agité, surexcité

La veille de Noël ou des grandes vacances, tu es souvent « excité comme une puce » : tu te sens tellement joyeux et impatient que **tu n'arrives pas à tenir en place**, un peu comme une puce qui saute partout sans s'arrêter.

Le savais-tu ?

La **puce** peut sauter jusqu'à 300 fois sa taille ! C'est comme si toi, tu pouvais enjamber la tour Eiffel d'un seul bond. Impressionnant, n'est-ce pas ?

FIER COMME UN PAON

Prétentieux, vantard

Le paon est un oiseau réputé pour son orgueil, symbolisé par son beau plumage. Quand il déploie sa magnifique queue pleine de couleurs, c'est sa manière de dire : « Regardez comme je suis beau ! » Être fier comme un paon, c'est être **très fier de soi au point de paraître vaniteux ou arrogant**.

Le savais-tu ?

Le mot « paon » se dit « pavo » en latin et a donné le verbe **« se pavaner »**, qui signifie marcher d'une manière fière… comme un paon !

FRAIS COMME UN GARDON

En pleine forme

Cette expression vient du Moyen Âge, une période où il n'était pas toujours facile de trouver de quoi manger. Le gardon était un poisson très apprécié parce qu'il se conserve plus longtemps que les autres après avoir été pêché. Les gens le considéraient comme un exemple de fraîcheur. C'est pour cela qu'on dit « frais comme un gardon » pour parler de quelqu'un qui est **en super forme et plein d'énergie**, comme toi après une bonne nuit de sommeil !

Le savais-tu ?

Le **gardon** est un petit poisson d'eau douce très commun, qui mesure entre 10 et 30 cm de long.

FRISÉ COMME UN MOUTON

Très bouclé

Imagine un mouton dans un champ, avec sa toison épaisse et bouclée, qui ressemble un peu à de gros nuages douillets. Quand on dit de quelqu'un qu'il est « frisé comme un mouton », cela signifie donc qu'il a **les cheveux très frisés**, comme la laine d'un mouton !

Le savais-tu ?

Les moutons ont besoin de se faire tondre une fois par an pour que leur toison ne devienne pas trop lourde et inconfortable. La **laine de mouton** est ensuite utilisée pour tricoter des pulls, des écharpes et plein d'autres choses chaudes et douces.

GAI COMME UN PINSON

Tu vois ce petit oiseau coloré qui gazouille gaiement sur la branche d'un arbre ? C'est un pinson, et il a l'air tellement heureux ! Son chant mélodieux aux notes variées respire la bonne humeur et la joie de vivre. Quand quelqu'un est « gai comme un pinson », cela veut dire qu'il est **souriant et plein d'entrain**, un peu comme cet oiseau qui chante tout le temps.

Le savais-tu ?

Les **pinsons** aiment chanter très tôt le matin, surtout pendant la saison des amours pour impressionner leur partenaire.

HEUREUX COMME UN **POISSON** DANS L'EAU

À l'aise, dans son élément

Un poisson dans l'eau, quoi de plus normal ! Être « heureux comme un poisson dans l'eau », cela veut dire se sentir **très à l'aise dans une situation ou un environnement particulier**, tout comme un poisson qui évolue librement dans son élément naturel.

Le savais-tu ?

Les poissons respirent grâce à des **branchies** qui leur permettent de filtrer l'oxygène de l'eau, ce qui les rend parfaitement adaptés à la vie aquatique. C'est pour cela qu'ils sont si à l'aise dans l'eau !

LAID COMME UN POU

Le pou, ce petit insecte parasite, n'est sûrement pas le plus joli à regarder. Quand on dit de quelqu'un qu'il est « laid comme un pou », cela signifie qu'il est **très peu attirant**. Cette expression ne se réfère pas vraiment à l'apparence physique du pou, mais plutôt à la répulsion et aux désagréments qu'il cause en tant que créature qui se nourrit du sang de ses hôtes.

Le savais-tu ?

L'expression **« fier comme un pou »** provient d'une confusion avec l'ancien français « pouil », qui désignait à la fois le pou et le mâle de la poule, c'est-à-dire le coq !

MALIN COMME UN SINGE

Astucieux, futé

Les singes sont des animaux très habiles et intelligents. Ils sont capables d'utiliser des outils, de résoudre des problèmes et même d'apprendre le langage des signes ! Si tu es « malin comme un singe », tu es donc **très ingénieux et débrouillard**.

Le savais-tu ?

À l'origine, l'expression avait une connotation négative car le mot **« malin »** désignait le diable. Au Moyen Âge, les gens croyaient que les singes étaient des créatures du diable en raison de leur comportement espiègle et de leur intelligence, qui étaient vus comme des signes de ruse plutôt que d'ingéniosité.

MANGER COMME UN COCHON

Manger salement, se goinfrer

« Manger comme un cochon », cela signifie **manger en se salissant** et en mettant de la nourriture partout autour de son assiette, comme le ferait un vrai petit cochon dans sa mangeoire. Cela peut aussi vouloir dire **manger beaucoup et très vite**, un peu comme si tu n'avais rien avalé depuis des jours ! L'image du cochon qui mange salement vient de son habitude de fouiller dans la terre avec son groin pour trouver de quoi se nourrir.

Le savais-tu ?

Les expressions **« manger comme un ogre »** et « manger comme quatre » évoquent elles aussi l'idée de manger goulûment.

MUET COMME UNE CARPE

Complètement silencieux

La carpe est un poisson qui sort souvent sa tête de l'eau et ouvre grand sa bouche sans faire aucun bruit, comme si elle était muette. D'où l'expression « muet comme une carpe » pour désigner une personne **qui ne prononce pas un mot** !

Le savais-tu ?

À l'origine, on disait **« muet comme un poisson »**. En effet, les poissons ne possèdent pas de cordes vocales et ne peuvent donc pas parler. Ils peuvent cependant émettre des sons pour communiquer, par exemple en claquant leur mâchoire et leurs dents comme le poisson-clown.

MYOPE COMME UNE TAUPE

La taupe est un petit mammifère qui creuse de longs tunnels sous la terre. Comme elle vit dans le noir, ses yeux sont peu développés et elle **voit très mal**. Elle perçoit les différences de luminosité entre le jour et la nuit, mais pas les détails précis de ce qui l'entoure. Un peu comme une personne « myope comme une taupe » qui aurait perdu ses lunettes !

Le savais-tu ?

Les Anglais utilisent l'expression **« blind as a bat »** (aveugle comme une chauve-souris) pour parler de quelqu'un qui ne voit pas bien.

RIRE COMME UNE BALEINE

Rire aux éclats, à gorge déployée

« Rire comme une baleine » signifie **rire très fort, avec la bouche grand ouverte**. En effet, les baleines sont les plus grands mammifères de notre planète, et elles ont une gueule immense qui peut s'ouvrir très largement. Si elles pouvaient rire, elles feraient sans doute beaucoup de bruit et beaucoup de vagues !

Le savais-tu ?

Selon une autre hypothèse, l'expression ferait référence aux **baleines de parapluie**, ces tiges flexibles qui constituent l'armature des parapluies. Quand on ouvre un parapluie, les baleines se déploient et ressemblent à une bouche qui sourit !

RUSÉ COMME UN RENARD

Malin, sournois

Le renard est un animal souvent associé à la ruse dans les contes et les histoires. Tu connais sûrement la fable de La Fontaine « Le Corbeau et le Renard », dans laquelle le renard utilise sa ruse pour dérober le fromage du corbeau. Être « rusé comme un renard », cela signifie donc **faire preuve d'astuce pour arriver à ses fins**.

Le savais-tu ?

Au Moyen Âge, on appelait le renard « **goupil** ». Le nom « renard » est devenu populaire grâce au « Roman de Renart » (avec un T), un livre qui raconte les aventures d'un goupil très rusé prénommé Renart.

SAUTER COMME UN CABRI

Sautiller joyeusement

Le cabri est un autre mot pour parler du chevreau, le petit de la chèvre. «Sauter comme un cabri» est une expression rigolote pour dire qu'on **saute partout avec beaucoup d'énergie et de joie,** tel un petit chevreau qui fait des bonds dans tous les sens.

Le savais-tu ?

Au sens figuré, « sauter comme un cabri » signifie également **être heureux.** Comme quand tu te sens tellement joyeux que tu ne peux pas t'empêcher de bouger, de danser ou de sauter partout !

S'ENTENDRE COMME CHIEN ET CHAT

Tu te disputes tout le temps avec ton frère ou ta sœur ? Alors on peut dire que vous êtes comme chien et chat ! En effet, ces animaux sont connus pour avoir du mal à se supporter en raison de leurs différences de comportement. Et ça ne date pas d'hier : dès le 16e siècle, on disait « être amis comme le chien et le chat » pour parler de **deux personnes qui ne s'entendent pas**.

Le savais-tu ?

Malgré tout, **chiens et chats** peuvent vivre ensemble sous le même toit, notamment s'ils sont habitués à se côtoyer depuis tout petits. Un peu comme toi avec tes frères et sœurs !

TÊTU COMME UNE MULE

Entêté, obstiné

La mule est un animal issu d'un croisement entre un âne et une jument. Les mules sont connues pour leur force et leur endurance, mais aussi pour leur caractère bien trempé. Si elles décident de ne pas faire quelque chose, il est très difficile de les faire changer d'avis. C'est pour ça qu'on dit de **quelqu'un de très obstiné** qu'il est « têtu comme une mule » !

Le savais-tu ?

On dit aussi **« têtu comme un âne »** ou « têtu comme une bourrique ». Le mot « bourrique » désigne un âne ou une ânesse, et également une personne très entêtée.

LA NATURE

BLOND COMME LES BLÉS

Aux cheveux très blonds

L'expression «blond comme les blés» décrit une **couleur de cheveux très claire, presque dorée,** tout comme le sont les épis de blé sous le soleil d'été. C'est comme si la chevelure brillait et scintillait, rappelant les vagues des champs de blé qui dansent sous la brise.

Le savais-tu ?

On utilise parfois l'expression «**nos chères têtes blondes**» pour parler des enfants de manière affectueuse, même si tous les enfants n'ont pas les cheveux blonds comme les blés !

CLAIR COMME DE L'EAU DE ROCHE

En ancien français, l'eau de roche correspondait à ce qu'on appelle aujourd'hui l'eau de source. Cette eau d'origine souterraine a traversé la roche et est donc pure, transparente, contrairement aux eaux de pluie ou de rivière. Au sens figuré, on dit d'un propos qu'il est « clair comme de l'eau de roche » lorsqu'il est **facile à comprendre, limpide**.

Le savais-tu ?

Nos amis anglais traduisent cette expression par **« crystal clear »**, qui signifie « clair comme du cristal ». Le cristal est un minéral dur et transparent... comme de l'eau de roche !

ENNUYEUX COMME LA PLUIE

Embêtant, déprimant

« Ennuyeux comme la pluie » est une expression que l'on utilise pour décrire **quelque chose ou quelqu'un de très ennuyeux**. Un peu comme ces longues journées de pluie tristes et monotones où tu ne peux pas sortir jouer dehors et où le temps semble s'étirer sans fin...

Le savais-tu ?

Même si la **pluie** semble ennuyeuse, elle est très importante pour notre planète. Elle aide les plantes à pousser, remplit les rivières et les lacs, et nettoie l'air. En plus, sans pluie, il n'y aurait pas de belles flaques d'eau pour sauter dedans avec tes bottes !

FONDRE COMME NEIGE AU SOLEIL

Disparaître très rapidement

« Fondre comme neige au soleil » est une manière très imagée de dire qu'une chose **disparaît rapidement et progressivement**. Imagine un jour d'hiver où le soleil brille fort. Sous l'effet de la chaleur, toute la neige qui était tombée pendant la nuit fond et se transforme en eau. Tes espoirs d'aller faire de la luge ont fondu comme neige au soleil !

Le savais-tu ?

Une **neige** bien propre fond moins vite que de la neige un peu sale. En effet, sa couleur blanche renvoie une grande partie des rayons du soleil et elle absorbe donc moins de chaleur !

HAUT COMME TROIS POMMES

Tout petit, minuscule

Prends trois belles pommes et amuse-toi à les empiler les unes sur les autres. Le résultat n'est pas très grand, n'est-ce pas ? Tu comprends pourquoi l'expression « haut comme trois pommes » s'emploie pour décrire de manière imagée une **personne de petite taille**, en général un **jeune enfant**.

Le savais-tu ?
Dans la bande dessinée **« Les Schtroumpfs »** de Peyo, les célèbres petits lutins bleus sont « hauts comme trois pommes » d'après le grimoire de Gargamel.

LÉGER COMME UNE PLUME

Lorsqu'on dit de quelque chose ou de quelqu'un qu'il est « léger comme une plume », cela signifie qu'il est **ne pèse presque rien**, comme une plume d'oiseau que le vent soulève et fait tourbillonner. Mais cette expression s'utilise aussi au sens figuré pour dire qu'on se sent **libre et sans souci**, tel un oiseau qui vole où bon lui semble dans le ciel.

Le savais-tu ?

L'expression **« poids plume »** correspond à une catégorie de poids en boxe. Elle s'emploie dans le langage courant pour parler d'une personne ou d'une chose très légère.

MALHEUREUX COMME LES PIERRES

Extrêmement malheureux

Imagine que tu es un petit caillou sur un chemin où tout le monde marche. Chaque jour, des gens et des animaux passent et te piétinent sans même te remarquer. Tu serais très malheureux n'est-ce pas ? C'est pour ça qu'on dit de quelqu'un qui **se sent très triste** qu'il est « malheureux comme les pierres ».

Le savais-tu ?

En réalité, les pierres sont des objets inanimés et ne peuvent donc ressentir aucune émotion. On leur prête ici des sentiments humains : c'est ce qu'on appelle l'**anthropomorphisme**.

POUSSER COMME UN CHAMPIGNON

Grandir très vite

Les champignons ont la particularité de pousser très vite, surtout après la pluie. L'expression « pousser comme un champignon » signifie donc **grandir ou se développer très rapidement**, un peu comme ces champignons qui semblent surgir de nulle part en très peu de temps.

Le savais-tu ?

Les **champignons** ne sont pas des végétaux ! Ce ne sont pas non plus des animaux : ils forment un règne à part entière. Contrairement aux plantes, ils n'ont pas besoin de lumière pour grandir et se nourrissent en décomposant la matière organique autour d'eux.

RAPIDE COMME L'ÉCLAIR

Extrêmement rapide

As-tu déjà vu un éclair zébrer le ciel pendant un orage ? Ça va tellement vite qu'on a à peine le temps de cligner des yeux ! Quand on dit de quelqu'un ou de quelque chose qu'il est « rapide comme l'éclair », cela veut dire qu'il est incroyablement rapide ou qu'il **réagit très vite**, un peu comme cet éclair qui traverse le ciel en un instant.

Le savais-tu ?
Les éclairs se déplacent à la **vitesse de la lumière**, qui est environ 900 000 fois supérieure à celle du son. Voilà pourquoi on voit l'éclair avant d'entendre le tonnerre !

ROUGE COMME UNE TOMATE

Tout rouge, gêné

Tu as déjà senti tes joues devenir toutes chaudes et rouges quand tu es un peu embarrassé, très heureux ou même après avoir couru très vite ? C'est comme si ton visage se teintait d'un rouge vif, tout comme une tomate bien mûre ! Être « rouge comme une tomate », c'est **rougir intensément sous l'effet d'une émotion forte**, comme la gêne ou la honte.

Le savais-tu ?
On dit aussi **« rouge comme une pivoine »** (la pivoine est une fleur de couleur rouge). Et quand on attrape un coup de soleil, on devient « rouge comme une écrevisse » !

SE PORTER COMME UN CHARME

Être en parfaite santé

Le charme est un arbre au bois particulièrement dur. Si tu te portes « comme un charme », cela veut dire que tu es en très bonne santé, **tout plein d'énergie et de vitalité**, à l'image de cet arbre qui reste solide et verdoyant.

Le savais-tu ?

Il existe une autre explication sur l'origine de cette expression. En effet, le mot **« charme »** vient du latin « carmen » (chant, incantation) et signifie « sortilège ». Ainsi, une personne qui se porte comme un charme semble avoir reçu un sort qui la garde toujours en bonne santé, comme par magie !

SE RESSEMBLER COMME DEUX GOUTTES D'EAU

As-tu déjà observé la pluie tomber ? Les gouttes d'eau semblent toutes pareilles, n'est-ce pas ? Quand on dit de deux personnes qu'elles « se ressemblent comme deux gouttes d'eau », cela signifie qu'elles sont **très similaires, presque identiques**, que ce soit par leur apparence, leur manière d'agir ou de penser.

Le savais-tu ?

Les **vrais jumeaux** se ressemblent comme deux gouttes d'eau : ce sont presque des copies parfaites l'un de l'autre. Pourtant, si tu regardes bien, tu peux toujours trouver quelque chose qui les rend uniques !

SECOUER COMME UN PRUNIER

Secouer ou gronder fortement

Quand on veut cueillir des prunes sans monter dans l'arbre, on secoue vigoureusement le tronc pour faire tomber les fruits mûrs. L'expression « secouer comme un prunier » ou « secouer les prunes » signifie **secouer quelqu'un très fort ou lui faire de vifs reproches**.

Le savais-tu ?

Pourquoi le prunier et pas un autre arbre fruitier ? En plus d'être un fruit délicieux, la **« prune »** désigne dans le langage familier un coup, une blessure. L'expression évoque donc l'idée de recevoir un choc, une réprimande, comme recevoir une prune !

TREMBLER COMME UNE FEUILLE

Quand tu attrapes une vilaine grippe ou que quelque chose te fait sursauter, tu peux te mettre à « trembler comme une feuille ». C'est comme si le froid ou la peur te faisait **trembler de la tête aux pieds**, sans que tu puisses te contrôler, tout comme les feuilles des arbres ne peuvent pas s'arrêter de s'agiter au moindre souffle de vent.

Le savais-tu ?

Les **feuilles** bougent sous l'effet du vent, mais pas seulement ! Au fil de la journée, les feuilles de certaines plantes changent de position pour suivre le soleil et capter le maximum de lumière.

VIEUX COMME LE MONDE

Qui existe depuis très longtemps

Quand quelque chose est « vieux comme le monde », cela veut dire que c'est vraiment, vraiment ancien, **presque aussi ancien que la Terre elle-même** ! Imagine un vieux rocher dans la forêt, qui a vu passer des générations d'animaux et de plantes. C'est comme si ce rocher avait toujours été là, depuis le tout début, bien avant que tu sois né.

Le savais-tu ?
Notre planète, la **Terre**, a environ 4,5 milliards d'années. Quand on dit que quelque chose est « vieux comme le monde », on exagère un peu, mais c'est pour montrer que c'est très ancien !

LES OBJETS

AIMABLE COMME UNE PORTE DE PRISON

Désagréable, malpoli

Une porte de prison, ce n'est pas très accueillant, non ? C'est triste et imposant, ce n'est pas le genre d'endroit où on a envie d'entrer ! Si quelqu'un est décrit comme étant « aimable comme une porte de prison », cela veut dire qu'il est **peu souriant et peu poli**. Comme si son visage était aussi fermé et peu engageant que la porte d'une prison.

Le savais-tu ?

Le mot **« aimable »** vient du latin « amabilis » qui signifie « digne d'être aimé ». Être aimable, c'est se montrer gentil et courtois pour que les autres apprécient notre présence.

ALLER COMME UN GANT

Convenir parfaitement

Ton manteau de l'hiver dernier est devenu trop petit. Tes parents décident alors de t'en acheter un nouveau. Quand tu l'essaies, surprise ! Les manches sont juste à la bonne longueur, et tu te sens à l'aise pour bouger. Ce manteau te va « comme un gant » : il est **parfaitement ajusté**, à l'image d'un gant qui épouse exactement la forme de ta main.

Le savais-tu ?

Cette expression s'utilise souvent pour parler d'un vêtement qui va très bien, mais aussi au **sens figuré**, par exemple pour décrire une activité que tu aimes vraiment et qui te correspond bien.

ARRIVER COMME UN CHIEN DANS UN JEU DE QUILLES

Arriver au mauvais moment

Tu es dans ta chambre en train de dessiner tranquillement ou de jouer à ton jeu de construction préféré. Soudain, ton petit frère ou ta petite sœur **entre en courant sans prévenir**, et commence à bousculer tes blocs ou tes crayons, tel un jeune chiot qui renverse tout sur son passage. Voilà une parfaite illustration de l'expression « arriver comme un chien dans un jeu de quilles » !

Le savais-tu ?
Le **jeu de quilles** est l'ancêtre du bowling. Les quilles pouvaient tomber au moindre geste brusque. Alors, tu imagines bien le chaos si un chien décidait de traverser le jeu en courant !

BEAU COMME UN CAMION

Magnifique, très beau

Imagine que tu dessines un camion brillant avec plein de couleurs éclatantes. Il est magnifique, non ? Quand quelqu'un ou quelque chose est « beau comme un camion », cela signifie qu'il est **vraiment joli, superbe**, un peu comme ton dessin qui regorge de belles couleurs et de vie.

Le savais-tu ?

L'origine de cette expression est incertaine. Elle pourrait faire référence au **camion à peinture**, le seau rectangulaire dans lequel les peintres en bâtiment font leur mélange de couleurs avant de les appliquer sur les murs.

BLANC COMME UN LINGE

Tu as déjà eu une grosse frayeur qui t'a fait blêmir tout d'un coup ? C'est ce qu'on appelle devenir « blanc comme un linge » : **pâlir brusquement sous l'effet de la peur ou de la surprise.** Cette expression remonte au Moyen Âge, lorsque le linge propre, généralement en lin ou en coton, était blanchi au soleil ou avec des produits naturels.

Le savais-tu ?

On utilise également la variante **« blanc comme un cachet d'aspirine »**, qui signifie avoir la peau très pâle, qui ne bronze pas.

CHANGER D'AVIS COMME DE CHEMISE

Changer tout le temps d'avis

Ce matin, tu voulais aller jouer au parc avec tes amis après l'école. Et finalement, tu décides d'aller à la piscine. Tu « changes d'avis comme de chemise » : tu **changes d'opinion facilement et fréquemment**, aussi souvent que tu changes de vêtements !

Le savais-tu ?

Cette expression vestimentaire trouverait son origine au 16e siècle, sous le règne de **François Ier**. Les artistes observaient la couleur des vêtements du roi pour deviner son humeur. Une chemise de couleur claire signifiait qu'il était de bonne humeur, donc plus ouvert à apprécier et financer leurs œuvres !

CHANTER COMME UNE CASSEROLE

Chanter faux

Tes copains se bouchent les oreilles dès que tu entonnes ta chanson préférée ? C'est sans doute que tu « chantes comme une casserole » ! Cela veut dire que, même si tu y mets tout ton cœur, ta **voix n'est pas très agréable à écouter**, tout comme le vacarme de casseroles en métal qui s'entrechoquent.

Le savais-tu ?

Une autre origine de l'expression pourrait venir d'une comparaison avec le **bruit de l'eau qui bout dans une casserole**. Les grosses bulles qui éclatent à la surface du liquide font un « bloup bloup » qui n'est pas très mélodieux.

CONNAÎTRE COMME SA POCHE

Les poches, c'est l'endroit parfait pour y glisser tous tes petits secrets. On parie que tu sais ce qu'il y a dans ta poche sans même regarder ? C'est parce que tu la connais très, très bien ! Dire que l'on connaît quelque chose ou quelqu'un « comme sa poche », ça signifie le **connaître dans les moindres détails**, comme tu connais chaque petit trésor caché dans ta poche.

Le savais-tu ?

On parle également de **« connaître par cœur »** ou de « connaître sur le bout des doigts ». Les Anglais, eux, disent « connaître comme le dos de sa main ».

DROIT COMME UN « I »

Regarde cette lettre I majuscule. Sa ligne simple et verticale évoque la silhouette d'une personne **qui se tient la tête et le dos bien droit**. L'expression « être droit comme un I » peut aussi vouloir dire se sentir **tendu ou mal à l'aise**, un peu comme quand on doit parler devant toute la classe et qu'on ne bouge plus d'un millimètre !

Le savais-tu ?

On dit aussi **« raide comme un piquet »** pour décrire quelqu'un de tellement droit et immobile qu'il ressemble à un piquet planté dans le sol.

EN RESTER COMME DEUX RONDS DE FLAN

Être surpris, étonné

T'est-il déjà arrivé de découvrir quelque chose de tellement incroyable que tu en es resté « comme deux ronds de flan » ? Rien à voir avec le dessert : le « flan » dont il est question désignait au 16ᵉ siècle une pièce de monnaie. L'expression fait donc allusion aux **yeux ronds d'une personne stupéfaite**.

Le savais-tu ?

Pour dire que quelqu'un est très étonné, on utilise aussi l'expression **« ouvrir des yeux ronds comme des billes »**, qui évoque également des yeux écarquillés de surprise.

GRAND COMME UN MOUCHOIR DE POCHE

Un mouchoir, ce n'est déjà pas très grand. Alors un mouchoir de poche, ça l'est encore moins ! Tu comprends pourquoi l'expression « grand comme un mouchoir de poche » s'emploie de manière ironique pour parler d'une **chose très petite**.

Le savais-tu ?

Au 18ᵉ siècle, le **« mouchoir de poche »** désignait le mouchoir utilisé pour se moucher (que l'on met en principe dans sa poche), par opposition au mouchoir vestimentaire, sorte de foulard placé autour du cou ou de la tête.

GROS COMME UNE MAISON

Évident, qui saute aux yeux

Un camarade de classe te raconte qu'il a vu un chat voler dans le ciel comme un oiseau. Ce mensonge est si **énorme et grossier** qu'on dit qu'il est « gros comme une maison ». C'est tellement impossible à croire que tu te mets à rire, en te disant que ton ami a vraiment une imagination débordante !

Le savais-tu ?

On utilise aussi l'expression **« se voir comme le nez au milieu de la figure »** pour parler d'une chose qu'on ne peut pas manquer tellement elle est évidente.

PARLER COMME UN LIVRE

Bien parler

Un livre qui parle, quelle drôle d'idée ! « Parler comme un livre », cela signifie **employer un langage recherché**, comme celui utilisé à l'écrit par opposition au langage parlé, plus familier. Cela peut aussi vouloir dire **avoir beaucoup de connaissances sur un sujet**, un peu comme un dictionnaire ou une encyclopédie !

Le savais-tu ?

Il fut un temps où « parler comme un livre » était un vrai compliment. Mais attention, si aujourd'hui quelqu'un te dit que tu parles comme un livre, il se pourrait bien qu'il t'accuse de **parler avec des mots trop compliqués !**

PASSER COMME UNE LETTRE À LA POSTE

Ce matin tu as un contrôle de maths et, surprise, toutes les questions te semblent faciles. Tu réponds à chacune d'elles sans hésiter, presque sans effort. Ton évaluation s'est passée « comme une lettre à la poste » ! Cela veut dire **se réaliser sans complication ni tracas**, aussi simplement que de glisser une enveloppe dans une boîte aux lettres.

Le savais-tu ?

Cette expression date du 19e siècle et signifiait à l'origine **digérer facilement un aliment**, en comparant la bouche à une boîte aux lettres qui « avale » les enveloppes.

PLEIN COMME UN ŒUF

Complètement rempli

Tu as sans doute une petite boîte où tu gardes tous tes trésors : des billes, des autocollants, et peut-être même une ou deux figurines... Jusqu'au jour où **il n'y a plus du tout de place**. Ta boîte est alors « pleine comme un œuf », car elle est complètement remplie, pleine à craquer : tu ne peux rien y ajouter de plus sans que quelque chose ne déborde.

Le savais-tu ?

L'expression « plein comme un œuf » s'utilise aussi au sens figuré pour dire qu'on est **repu, rassasié**. Un peu comme après un repas de fête où tu as pu manger tous tes plats favoris !

PLEURER COMME UNE MADELEINE

Pleurer à chaudes larmes

Quand on dit « pleurer comme une madeleine », on ne parle pas du tout du petit gâteau moelleux que tu aimes peut-être manger au goûter ! Non, cette expression vient de la Bible et parle d'une femme nommée Marie Madeleine. Lorsqu'elle a rencontré Jésus, Marie Madeleine était tellement touchée et reconnaissante qu'elle s'est mise à **pleurer abondamment** à ses pieds.

Le savais-tu ?

Aujourd'hui, l'expression « pleurer comme une madeleine » signifie **pleurer beaucoup et souvent**, parfois de manière excessive et sans raison apparente.

PROPRE COMME UN SOU NEUF

As-tu déjà observé une pièce de monnaie toute neuve ? Elle brille de mille feux, au point que tu peux presque te voir dedans. À l'inverse, les pièces usagées noircissent et s'usent à force de passer de main en main. Être « propre comme un sou neuf », cela veut dire être **si bien lavé qu'on brille de propreté**, comme une toute nouvelle pièce de monnaie qui n'a encore jamais été utilisée. Et comme toi après un bon bain !

Le savais-tu ?

Cette expression est née au 19e siècle. Au début, on disait seulement **« propre comme un sou »**.

RÉGLÉ COMME UNE HORLOGE

Tu as un ami qui se lève à 7 heures du matin, qui mange à midi pile et qui fait ses devoirs à 17 heures tous les jours ? On peut dire de lui qu'il est « réglé comme une horloge » ! Il a des **habitudes très régulières** et n'est **jamais en retard**, exactement comme une horloge dont les aiguilles tournent toujours à la même vitesse, sans jamais s'arrêter ou changer de rythme.

Le savais-tu ?

L'une des variantes de cette expression est **« réglé comme un coucou suisse »**. L'horlogerie suisse est en effet réputée pour sa grande précision.

QUIZ

As-tu bien compris et retenu toutes les expressions de ce livre ?

Pour le savoir, réponds à ce quiz !

1. Jules n'arrête pas de parler, il est bavard comme...
    A) un pinson
    B) une pie
    C) un perroquet

2. Le cartable d'Emma est très lourd, elle est chargée comme...
    A) un baudet
    B) un bonnet
    C) un bidet

3. Ce chanteur est très célèbre, il est connu comme...
    A) le renard roux
    B) le loup blanc
    C) le loup gris

4. Jade et Hugo sont inséparables, ils...
    A) se ressemblent comme deux gouttes d'eau
    B) s'entendent comme chien et chat
    C) sont copains comme cochons

5. Gabriel est très gentil, il est...
>   A) frisé comme un mouton
>   B) doux comme un agneau
>   C) aimable comme une porte de prison

6. Chloé est très gâtée par sa mamie, elle est comme...
>   A) un coq en pâte
>   B) un éléphant dans un magasin de porcelaine
>   C) une poule qui a trouvé un couteau

7. Tu n'as plus aucune chance de t'échapper, tu es fait comme...
>   A) un chat
>   B) un rat
>   C) une souris

8. Inès court très vite, elle est rapide comme...
>   A) le tonnerre
>   B) la foudre
>   C) l'éclair

9. Raphaël est très petit, il est...
>   A) haut comme trois pommes
>   B) excité comme une puce
>   C) léger comme une plume

10. Louise ne sait pas ce qu'elle veut, elle change d'avis comme...
>   A) de chaussettes
>   B) de chemise
>   C) de pantalon

11. Arthur ne sait pas chanter, il chante comme...
>   A) une casserole
>   B) un rossignol
>   C) un pinson

12. « Être comme un éléphant dans un magasin de porcelaine » veut dire...
    A) Être très délicat
    B) Être très maladroit
    C) Être très grand

13. « Être comme une poule qui a trouvé un couteau » veut dire...
    A) Être très intelligent
    B) Être confus
    C) Être très habile

14. « Être frais comme un gardon » veut dire...
    A) Être très fatigué
    B) Avoir froid
    C) Être en pleine forme

15. « Manger comme un cochon » veut dire...
    A) Manger salement
    B) Manger très peu
    C) Manger proprement

16. « Pousser comme un champignon » veut dire...
    A) Conduire très vite
    B) Pousser sous terre
    C) Grandir très rapidement

17. « En rester comme deux ronds de flan » veut dire...
    A) Être très heureux
    B) Être extrêmement surpris
    C) Avoir très faim

18. « Fondre comme neige au soleil » veut dire...
    A) Avoir chaud
    B) Transpirer
    C) Disparaître rapidement

Réponses :

1. B
2. A
3. B
4. C
5. B
6. A
7. B
8. C
9. A
10. B
11. A
12. B
13. B
14. C
15. A
16. C
17. B
18. C

9 782959 300004